AF264225

DISCOURS
DE M. BERGASSE,

DANS SON AFFAIRE

A LA COUR D'ASSISES.

PARIS,

A. EGRON, IMPRIMEUR-LIBRAIRE,

RUE DES NOYERS, N° 37.

1821.

AVERTISSEMENT.

Ce Discours sera joint à la seconde édition de l'*Essai sur la Propriété*, conforme, en tout point, à la première. On l'imprime ici séparément pour ceux qui ont acheté la première.

La seconde édition paraîtra incessamment.

On trouve chez le même Libraire, outre l'*Essai sur la Propriété* et le *Discours* qu'on publie actuellement,

Un Recueil ayant pour titre : *Discours et Fragmens de M. Bergasse*, imprimé il y a environ douze ans. Il reste à-peu-près trois cents exemplaires de ce Recueil. On peut voir dans le *Moniteur* et les journaux du temps, la manière pleine d'éloges dont on a parlé des différens morceaux qui le composent.

Quelques personnes ont désiré qu'on réimprimât l'*Essai sur la loi, la souveraineté et la liberté de la presse*, du même auteur, qui n'en possède plus que deux exemplaires. Si l'on en fait des demandes suffisantes pour dédommager l'imprimeur des frais, on s'occupera de la troisième édition de l'ouvrage, qui, au reste, peut être lue avec intérêt, lorsqu'on s'occupera des lois d'exception.

DISCOURS (1).

—————

Vous ne serez point étonnés, Messieurs, que
ce ne soit pas sans quelque sentiment d'amer-
tume que je me voye placé sur le banc des accusés ; sur ce banc, où, autrefois, et durant les
jours les plus déplorables de notre révolution,
j'ai été appelé à comparaître pour avoir professé
précisément les mêmes doctrines dont on se fait
aujourd'hui un moyen d'accusation contre moi.

Sans doute, à l'époque où toutes les notions
du juste et de l'injuste étaient confondues, où la
violence toute seule faisait les lois, où toutes les
consciences se taisaient, soit que la crainte les
réduisît au silence, soit que surmontées par l'a-

—————

(1) M. Bergasse remarquant l'effet avantageux qu'avait
produit la plaidoirie pleine de chaleur de son défenseur,
M. Berryer fils, sur le nombreux auditoire qui remplissait
la Cour d'Assises pour être témoin ou de son triomphe
ou de sa défaite, n'a pas trouvé convenable de prononcer
ce discours ; mais comme il en avait laissé prendre trois
copies, et qu'il a été averti qu'on se proposait de l'impri-
mer à son insu, il s'est enfin décidé à permettre qu'on le
rendît public.

varice, qui a été la passion dominante de ces temps malheureux, elles n'eussent plus assez de force pour enfanter le remords ; sans doute, il était assez simple que celui qui, en des écrits dont on redoutait l'énergie, osait poser d'une main ferme les bases éternelles de l'ordre social, fût mis au rang des coupables. Mais devais-je penser que ce qui était crime à cette époque, le serait encore aujourd'hui ; qu'invoquer, dans une discussion sur des intérêts civils et politiques, la loi que les hommes n'ont pas faite, la loi à laquelle seule il appartient de gouverner, parce que seule elle est souveraine ; la loi qui ne doit qu'à la Divinité même sa sanction imposante, c'était s'exposer à un péril certain, et que je ne pourrais, sans encourir une peine, parler le langage de cette loi redoutable, développer ses maximes saintes, prononcer avec autorité ses oracles.

Il y a ici pour moi une différence de position bien étrange. Quand la terreur abattait toutes les volontés, et que le courage n'était plus que la patience qui souffre, j'étais, comme tant d'autres, destiné à périr sous la hache d'un bourreau ; et cependant, du fond de la prison où l'on m'avait confiné, et lorsque je n'attendais que l'arrêt de ma mort, obéissant aux mouvemens d'indignation et de pitié qu'excitait dans mon cœur l'infortune d'un ami, je n'hésitai pas, en une circonstance mémorable, à faire invoquer par l'organe de cet ami, à la barre de la Convention, ces principes d'une morale élevée que j'ai reproduits avec toute leur puissance dans l'ouvrage qu'on a saisi. Eh bien, la Convention se tut devant eux : elle-même détourna la hache qui devait frapper ma tête ; et il lui aurait paru qu'elle ajoutait un grand crime à tous ses crimes, si elle n'avait soustrait à mes regards le banc des accusés (1).

(1) Il s'agit ici de l'affaire de M. D'Armaing contre Vadier, l'un des membres les plus accrédités de la Convention. M. D'Armaing, très-jeune encore, était venu trouver M. Bergasse, qui avait été traduit, sur une charrette, durant l'espace de deux cents lieues, sous l'escorte de trois gendarmes, des prisons de Tarbes dans les prisons de Paris, pour périr sur l'échafaud. Il lui fit un récit détaillé de la noire perfidie avec laquelle Vadier avait machiné la mort de son père. M. Bergasse, profondément affecté, sans considérer le danger auquel il s'exposait, n'hésita pas à rédiger, pour le jeune D'Armaing, un discours étincelant de vérités terribles, et qui avait pour épigraphe ce vers de Racine : *Et des crimes peut-être inconnus aux enfers*. Le discours, qui fut écouté dans un profond silence, produisit un effet extraordinaire, surtout lorsque l'orateur, évoquant de leurs tombeaux les innombrables victimes de cette multitude de décrets sanguinaires qu'avait portés l'assemblée coupable devant laquelle il parlait, osa citer, en finissant, au tribunal de ces ombres désolées, leurs barbares oppresseurs, et prononça en leur nom, avec une

Aujourd'hui, c'est à la réquisition du Gouvernement, à qui peut-être il convenait de ne pas oublier mes nombreux sacrifices, que je dois de m'y voir assis.

Si j'eusse voulu fléchir au gré des circonstances, composer avec mes devoirs, me faire des maximes en rapport avec les maximes adoptées, et méconnaissant la haute dignité de mon âme immortelle, accorder au temps quelque empire sur moi, qui ne sait qu'il m'eût été facile d'obtenir, des divers pouvoirs qui se sont succédés parmi nous, ces distinctions, ces honneurs, ces places éminentes que l'ambition sollicite avec une ardeur si inquiète, et que tant de superbes illusions environnent? Mais, de bonne heure, j'ai sondé ma conscience dans ce qu'elle a de plus profond et de plus mystérieux. Là, une voix s'est fait entendre, une voix puissante à laquelle aurait inutilement résisté le monde avec ses vaines

solennité effrayante, le mot *restitués*. Chacun des Conventionnels, saisi de terreur, se hâta de décréter la mise en accusation du scélérat qui lui était dénoncé. Ce ne fut pas tout. Dans cette circonstance mémorable, on décréta la restitution des biens des condamnés, et afin de faciliter à ceux qu'on avait dépouillés la rentrée dans leurs héritages, on prononça la nullité de toutes les ventes qui se trouveraient infectées de quelque vice, et c'était le plus grand nombre. On faisait mieux alors qu'on ne fait aujourd'hui.

déceptions, la fortune avec ses espérances tumul-
tueuses, la gloire même avec ses prestiges écla-
tans; là, il m'a été dit : Que dans ce siècle per-
vers, la vérité et le malheur sont inséparables;
et dès les premiers jours de ma jeunesse, *j'ai fait
alliance avec le malheur,* afin que la vérité de-
vînt mon partage.

Ne pensez donc pas, Messieurs, que je veuille
ajouter de nouveaux raisonnemens à ceux qu'a-
vec une logique si éloquente vient de développer
devant vous l'orateur distingué (1) qui s'est chargé
de me défendre, *puisqu'il fallait que je fusse
défendu.* N'imaginez pas non plus que je cherche
à me prévaloir de tout ce qui est échappé d'a-
vantageux pour moi au magistrat qui, choisi
pour porter la parole dans cette cause, au nom
du Ministère public, vous a donné une si haute
idée de la précieuse indépendance de son carac-
tère, et s'est montré si digne des fonctions, non
moins importantes que délicates qui lui sont
confiées (2). Seulement je me dois à moi-même
de déclarer que je croirais outrager l'Auteur de
toute justice et de toute vérité, si, par une cir-
conspection timide, je consentais à excuser
comme une faute la sage hardiesse avec laquelle

(1) Le plaidoyer de M. Berryer paraîtra incessamment.
(2) M. de Marchangy.

j'ai plaidé la cause de la fidélité malheureuse ; si je pouvais me repentir de m'être occupé de rendre à la religion ses droits, à la morale son influence, au Gouvernement son impartialité ; si, tandis que je n'ai songé qu'à éteindre des remords, qu'à consoler des regrets, qu'à détruire des haines, j'avais la faiblesse d'avouer que je n'ai rempli là qu'une tâche imprudente, et que c'est à tort que je me suis élevé à des considérations d'un autre ordre que les considérations vulgaires, afin de nous faire retrouver, s'il est possible encore, sous notre nouveau régime, les mœurs bienveillantes de nos pères et leurs antiques vertus.

Les magistrats qui m'écoutent, les jurés qui m'entendent, le nombreux auditoire qui m'honore de son attention, n'attendent sans doute pas de moi une pareille condescendance.

D'ailleurs, si en opposition avec mes principes, on remarquait ici quelques-uns de ces hommes qui s'affligent du bien qu'on veut faire, et qui, dans les débris de notre révolution, cherchent avec une persévérance soucieuse, les germes malheureusement encore subsistans d'une révolution nouvelle..... Eh bien ! qu'ils sortent de cette enceinte, qu'ils entrent dans le palais de nos princes, qu'ils s'approchent du berceau où repose notre dernière espérance, et là, s'ils en ont le triste courage, qu'ils disent en présence des deux filles des Rois, des deux héroïnes du malheur et de la résignation qui protégent de leurs prières et de leurs larmes le noble enfant, qu'ils disent au noble enfant, que, si jamais une destinée ennemie le contraignait, comme ses pères, à s'exiler dans une terre étrangère, il ne doit compter ni sur la foi jurée, ni sur le respect dû à une grande infortune, ni sur cette pompe des souvenirs qui appelle jusqu'au dernier moment autour des races royales, un nombreux cortége de serviteurs fidèles ; qu'ils lui apprennent que si, en des temps plus heureux, il parvenait à retrouver l'héritage de ses ancêtres, il ne lui serait pas plus permis qu'au prince qui nous gouverne aujourd'hui, d'écouter le vœu de son cœur ; que les lois que nous avons faites, et qu'ils auraient soigneusement conservées, condamneraient irrévocablement à tout l'opprobre d'une misère sans gloire les généreux compagnons de son exil ; que ces lois, ces effrayantes lois lui interdiraient jusqu'à la faculté même de les indemniser un peu de tout ce qu'ils auraient sacrifié, de tout ce qu'ils auraient perdu, en se dévouant pour lui. Mais aussi, qu'ils révèlent toute leur pensée, et qu'en s'exprimant de la sorte, ils ajoutent que le moment de la chute des trônes est arrivé ; et que ce n'est pas sans des-

sein qu'ils ont jeté entre les rois et les peuples
des lois d'injustice et d'ingratitude, *moyen
puissant pour renverser les trônes*, afin que les
rois, perdant tout ce qu'il y a de moral dans
la majesté qui les environne, paraissent comme
détachés des peuples, et que les peuples, à leur
tour, demeurent sans affection pour les rois.

Messieurs les jurés, ce n'est point ici une cause
ordinaire. *Vous êtes appelés à juger l'éternelle
justice elle-même, l'éternelle et souveraine vérité.*
Condamnerez-vous la justice éternelle ? Repous-
serez-vous l'éternelle et souveraine vérité, et se-
rait-il possible qu'un jour nos neveux lussent
dans les registres d'une cour judiciaire, qu'un
homme a été puni pour avoir invoqué leur autorité impérissable ; et dans une circonstance où
l'on osait la méconnaître, pour s'être fait un
devoir d'en prononcer les décrets, et d'en mon-
trer la puissance ?

A Dieu ne plaise, messieurs les jurés, qu'une
telle pensée s'empare de mon esprit, vous avez
une conscience et vous l'écouterez. Vous croyez
à l'honneur, et vous lui serez fidèles.

Quant à moi qui touche au terme de ma la-
borieuse carrière ; qu'une triste et lente expé-
rience n'a que trop désabusé des illusions de la

vie ; et qui bientôt disparaîtrai de cette scène du monde maintenant si mobile et si tourmentée , souffrez qu'en présence des magistrats éclairés qui président cette Cour , et en votre présence aussi , messieurs les jurés , je m'applaudisse de ce qu'une occasion s'est offerte où , fidèle à ma destinée, j'ai pu rendre un solennel et dernier hommage à cette justice et à cette vérité suprême qui devraient être aussi la justice et la vérité des gouvernemens, et dont en aucune circonstance il ne m'est jamais arrivé de me départir.

J'ai paru quelquefois succomber aux yeux des hommes dans les combats que j'ai livrés pour la défense de leurs préceptes saints , mais alors j'élevais mes regards vers celui qui jugera les justices de la terre, *et ma défaite encore était une victoire.*

Imprimerie d'A. EGRON , rue des Noyers , n° 57.